KB104128

하루에 쪼갠다
러시아어
(알파벳에서 의문문까지)

하루에 쪼갠다 러시아어 (알파벳에서 의문문까지)

저자 _ 이경희

발행 _ 2020.08.20

펴낸이 _ 한건희

펴낸곳 _ 주식회사 부크크

출판등록 _ 2014.07.15.(제2014-16호)

주소 _ 서울 금천구 가산디지털1로 119, SK트윈타워 A동 305호

전화 _ 1670 - 8316
이메일 _ info@bookk.co.kr

ISBN 979-11-372-1495-8
www.bookk.co.kr

「이 도서의 국립중앙도서관 출판시도서목록(CIP)은 서지정보유통지원시스템 홈페이지
(http://seoji.nl.go.kr)와 국가자료공동목록시스템(http://www.nl.go.kr/kolisnet)에서
이용하실 수 있습니다. (CIP제어번호: CIP2020034298)」

Split it
in 1 day

말하기 연습용 **MP3** 파일은
https://bit.ly/3kHSYyA
에서 무료로 다운로드할 수 있습니다.

하루에 쪼갠다 러시아어 (알파벳에서 의문문까지)는
Apple App Store (애플 앱 스토어)에서
'국가대표 러시아어 핵심기초'라는
어플리케이션으로도 만날 수 있습니다.

info

하루에 쪼갠다 XXX
시리즈에 대하여 :

'하루에 쪼갠다 XXX' 시리즈는 포스트 코로나,
뉴노멀 시대의 우리 모두를 위해 기획하였습니다.

'하루에 쪼갠다 XXX' 시리즈는
부담 없이 막간을 활용하여 핵심 지식을 챙기는
모든 분야를 망라한
자가발전 교양/학습 시리즈입니다.

'하루에 쪼갠다 XXX' 시리즈는
콤팩트한 포맷, 편하게 접근 가능한 가성비 높은,
전국민 문고 시리즈입니다.

'하루에 쪼갠다 XXX' 시리즈는
누구나 작가가 되어 자신의 콘텐츠를 나눌 수 있는
미니멀 콘텐츠 플랫폼을 추구합니다.

'하루에 쪼갠다 XXX' 시리즈와 함께
즐거운 취미/교양/문화 생활을 열어 나가길 기대합니다.

-'하루에 쪼갠다 XXX' 시리즈 저자 그룹 일동-

하루에 쪼갠다 러시아어의
학습에 대하여 :

'하루에 쪼갠다 러시아어 (알파벳에서 의문문까지)'는
부담 없이 가장 빠른 시간 안에
러시아어의 알파벳에서 의문문까지를 해결하는 '해결책'입니다.

'러시아어는 알파벳만 알아도 초급 달성'이라고 말합니다.
그만큼 러시아어 알파벳이 처음 러시아어를 시작하는
사람들에게 중요합니다. 이를 위해 우리는 러시아어 알파벳과
단시간 내에 친해질 수 있는 여러가지 방법들을 만날 것입니다.

러시아어의 모음과 자음 각각의 특징을 확인하고
영어 알파벳과 비교하면서 최대한 이해를 넓혀나갈 것입니다.

알파벳과 발음법이 정리되면 곧바로 문장 만들기로 들어 갑니다.
러시아어로 문장을 만드는 초간단 방법을 소개합니다.

그리고 끝으로 마무리는 지금까지 배운 내용을 토대로
'숫자 읽기'와 '러시아를 대표하는 표현/인사표현' 등으로
러시아어 읽기를 연습합니다.

이렇게만 하면 우리는 러시아어 (알파벳에서 의문문까지)를
하루 만에 쪼개는 감격적인 순간을 즐길 수 있을 것입니다.

We can split it in 1 sitting.

contents

We can split it in 1 sitting.

SPLIT IT IN 1 DAY

We **learn** something new every day. S**P**LIT Split it in **1 day!**

We can split it in 1 sitting.

STEP 1

We **learn** something new every day.

SLIT

 Split it in **1 day!**

S⌐LIT
it in 1 day

Step 1.
러시아어의 **알파벳과 발음**

러시아어 알파벳에는 독특하게 생긴 글자가 많습니다.
'러시아어의 기초는 러시아어 알파벳만 알면 된다!'라고
할 정도로 알파벳 학습이 중요합니다.
러시아어 알파벳과 가장 빠르게 친해지는 방법을
소개합니다!

 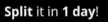

Step 1
러시아어의 **알파벳**과 **발음**

Step 1. 러시아어의 알파벳과 발음
❶ 러시아어 알파벳과 '소리'로 친해지기!

● 러시아어에 사용되는 문자를 '키릴 문자'라 합니다.
'키릴'은 동유럽에 거주하는 슬라브인에게
기독교 교리를 가르치기 위해
비잔틴으로부터 온 선교사였습니다.
키릴은 이 지역에 최초의 문자를 만들었고,
그것이 키릴 문자입니다.

키릴 문자는 그리스 문자와 여러 다른 문자를
모델로 하여 만들어졌습니다.
우리가 알고 있는 영어의 알파벳과 러시아 알파벳의
모양이 다른 이유입니다.

러시아어의 기초의 핵심은 알파벳이다!라고
할 정도로 알파벳이 중요합니다.
알파벳을 알고 발음을 알면 뜻은 몰라도 러시아어를 읽을 수 있습니다.
우리의 첫 번째 목표가 바로 이것입니다.

러시아어 알파벳은 33개의 철자로 이루어져 있습니다.
다음의 알파벳을 터치와 함께 '소리'를 들으면서 친해집시다!
([**괄호**] 안은 '발음값'입니다.)

● We learn something new every day.

하루에 쪼갠다
러시아어
알파벳에서 **의문문**까지

S LIT
RUSSIAN

STEP
1

● 전체적으로 한 번 듣고, 영어와는 어떻게 다른지 확인해 봅시다!

A a
아 [ㅏ]

알파벳 대문자 / 소문자
알파벳 이름 **[우리말 음가]**

A a
아 [ㅏ]
R00-01

Б б
베 [ㅂ]
R00-02

В в
붸 [ㅂ/v]
R00-03

Г г
게 [ㄱ]
R00-04

Д д
데 [ㄷ]
R00-05

E e
예 [ㅖ]
R00-06

Ё ё
요 [ㅛ]
R00-07

Ж ж
줴 [ㅈ]
R00-08

З з
제 [ㅈ]
R00-09

И и
이 [ㅣ]
R00-10

Й й
이끄라뜨꼬예 [ㅣ]
R00-11

К к
까 [ㅋ]
R00-12

Step 1
러시아어의 **알파벳과 발음**

Л л
레 [ㄹ]
R00-13

М м
메 [ㅁ]
R00-14

Н н
네 [ㄴ]
R00-15

О о
오 [ㅗ]
R00-16

П п
뻬 [ㅍ]
R00-17

Р р
에르 [ㄹ/r]
R00-18

С с
에스 [ㅅ]
R00-19

Т т
떼 [ㅌ]
R00-21

У у
우 [ㅜ]
R00-21

Ф ф
에프 [ㅍ/f]
R00-22

Х х
헤 [ㅎ]
R00-23

Ц ц
쩨 [ㅉ]
R00-24

Ч ч
체 [ㅊ]
R00-25

Ш ш
샤 [ㅅ]
R00-26

Щ щ
샤 [ㅅ]
R00-27

● We learn something new every day.

하루에 쪼갠다
러시아어
알파벳에서 **의문문**까지

S␣LIT
RUSSIAN

STEP
1

Ъ 뜨뵤르듸즈낙 R00-28	**Ы ы** 의 [─ㅣ] R00-29	**Ь** 먀흐끼즈낙 R00-30
Э э 에 [ㅔ] R00-31	**Ю ю** 유 [ㅠ] R00-32	**Я я** 야 [ㅑ] R00-33

 Step 1. 러시아어의 알파벳과 발음
❷ 러시아어 알파벳과 '눈'으로 친해지기!

● 러시아어 알파벳과 친해지는 방법으로
일단 먼저 눈으로 문자들의 생김새를 눈여겨 봅니다.
빠르고 쉽게 기억하는 방법은 영어의 알파벳을 연상하는 것입니다.
러시아어 알파벳은 영어의 단일 알파벳과 대응되는 것도 있고,
그렇지 않는 것도 있습니다.
러시아어 알파벳 중 어떤 것은 대응되는 하나의 영어 철자로 표기할 수
있고, 어떤 것은 대응되는 철자가 없어서 여러 개의 철자를 혼합해서
표기할 수 있습니다.
일단 먼저 두 알파벳 대소문자의 모양을 찬찬히 비교하면서 봐주십시오.
같은 것과 다른 것, 그리고 기억할 수 있는 모양들을 생각하면서 봅니다!

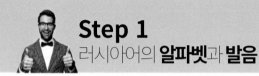

Step 1
러시아어의 **알파벳과 발음**

(예 : 러시아어의 **Aa** (아)는 영어의 **Aa**와 같다!
러시아어의 **Гг** (게)는 우리말 ㄱ을 거꾸로 한 것이다! 등)

(**ъ** (뜨뵤르드이 즈낙 : 경음부호)과 **ь** (먀흐끼 즈낙 :연음부호)은 무음.)

Aa (아) = **Aa**　　　　**Бб** (베) = **Bb**

Вв (붸) = **Vv**　　　　**Гг** (게) = **Gg**

Дд (데) = **Dd**　　　　**Ее** (예) = **je**

Ёё (요) = **jo**　　　　**Жж** (줴) = **zh**

Зз (제) = **Zz**　　　　**Ии** (이) = **Ii**

Йй (이 끄라뜨꼬에) (짧은 이) = **Jj**

Кк (까) = **Kk**　　　　**Лл** (레) = **Ll**

Мм (메) = **Mm**　　　　**Нн** (네) = **Nn**

Оо (오) = **Oo**　　　　**Пп** (뻬) = **Pp**

하루에 쪼갠다
러시아어
알파벳에서 **의문문**까지

SPLIT
RUSSIAN

STEP
1

Рр (에르)**= Rr**	**Сс** (에스)**= Ss**
Тт (떼)**= Tt**	**Уу** (우)**= Yy**
Фф (에프)**= Ff**	**Хх** (헤)**= Hh**
Цц (쩨)**= ts**	**Чч** (체) **= ch**
Шш (샤) **= sh**	**Щщ** (샤) **= shch**
Ыы (의) **= Ii**	**Ээ** (에) **= Ee**
Юю (유) **= ju**	**Яя** (야) **= ja**

(몇 가지만 제외하면 러시아어의 대문자와 소문자는 모양이 똑같습니다.)

Step 1
러시아어의 **알파벳**과 **발음**

 Step 1. 러시아어의 알파벳과 발음
❸ 러시아어 알파벳과 '입'으로 친해지기!

● 러시아어 알파벳을 학습하는 또 다른 방법으로
'입으로 친해지기'가 있습니다.

우리말의 자모음 연습방식처럼 (가갸거겨..., 나냐너녀...)
러시아어의 모음에 자음 각각을 대입하여 입으로 발음하는 방식입니다.

그러니까 러시아어의 모음에
а (아), **я** (야), **о** (오), **ё** (요), **у** (우), **ю** (유), **ы** (의), **и** (이), **э** (에), **e** (예)
자음을 더하여
ба (바), **бя** (뱌), **бо** (보), **бё** (뵤), **бу** (부), **бю** (뷰),
бы (븨), **би** (비), **бэ** (베), **бе** (베)처럼
계속해서 알파벳의 자음과 모음을 결합하여
문자와 소리를 함께 연습하는 것입니다.
다음과 같이 말입니다!

б (베) [ㅂ/b]   **ба** (바), **бя** (뱌), **бо** (보), **бё** (뵤),
                    бу (부), **бю** (뷰), **бы** (븨), **би** (비), **бэ** (베), **бе** (베)

в (붸) [ㅂ/v]   **ва** (바), **вя** (뱌), **во** (보), **вё** (뵤),
                    ву (부), **вю** (뷰), **вы** (븨), **ви** (비), **вэ** (베), **ве** (베)

We learn something new every day.

하루에 쪼갠다
러시아어
알파벳에서 **의문문**까지

sᴘ**LIT**
RUSSIAN

STEP
1

г (게) [ㄱ]   **га** (가), **гя** (갸), **го** (고), **гё** (교),
                гу (구), **гю** (규), **гы** (긔), **ги** (기), **гэ** (게), **ге** (계)

з (제) [ㅈ]   **за** (자), **зя** (쟈), **зо** (조), **зё** (죠),
                зу (주), **зю** (쥬), **зы** (즤), **зи** (지), **зэ** (제), **зе** (제)

к (까) [ㅋ]   **ка** (까), **кя** (꺄), **ко** (꼬), **кё** (꾜),
                ку (꾸), **кю** (뀨), **кы** (끠), **ки** (끼), **кэ** (께), **ке** (꼐)

л (레) [ㄹ/l]   **ла** (라), **ля** (랴), **ло** (로), **лё** (료),
                лу (루), **лю** (류), **лы** (릐), **ли** (리), **лэ** (레), **ле** (레)

м (메) [ㅁ]   **ма** (마), **мя** (먀), **мо** (모), **мё** (묘),
                му (무), **мю** (뮤), **мы** (믜), **ми** (미), **мэ** (메), **ме** (메)

н (네) [ㄴ]   **на** (나), **ня** (냐), **но** (노), **нё** (뇨),
                ну (누), **ню** (뉴), **ны** (늬), **ни** (니), **нэ** (네), **не** (녜)

п (뻬) [ㅍ]   **па** (빠), **пя** (뺘), **по** (뽀), **пё** (뾰),
                пу (뿌), **пю** (쀼), **пы** (쁴), **пи** (삐), **пэ** (뻬), **пе** (뻬)

р (에르) [ㄹ/r] **ра** (라), **ря** (랴), **ро** (로), **рё** (료),
                ру (루), **рю** (류), **ры** (릐), **ри** (리), **рэ** (레), **ре** (레)

Step 1
러시아어의 **알파벳**과 **발음**

с (에스) [ㅅ]　　**са** (싸), **ся** (쌰), **со** (쏘), **сё** (쑈),
　　　　　　　　су (쑤), **сю** (쓔), **сы** (씌), **си** (씨), **сэ** (쎄), **се** (쎄)

ф (에프) [ㅍ/f]　**фа** (파), **фя** (퍄), **фо** (포), **фё** (표),
　　　　　　　　фу (푸), **фю** (퓨), **фы** (픠), **фи** (피), **фэ** (페), **фе** (페)

х (헤) [ㅎ]　　　**ха** (하), **хя** (햐), **хо** (호), **хё** (효),
　　　　　　　　ху (후), **хю** (휴), **хы** (희), **хи** (히), **хэ** (헤), **хе** (헤)

(**д** (데) [ㄷ], **ж** (줴) [ㅈ], **т** (떼) [ㅌ], **ц** (쩨) [ㅉ],
ч (체) [ㅊ], **ш** (샤) [ㅅ], **щ** (샤) [ㅅ]는
별도의 발음 규칙이 적용되어서 제외하였습니다.)

● We learn something new every day.

하루에 쪼갠다
러시아어
알파벳에서 **의문문**까지

sLIT
RUSSIAN

STEP
1

Step 1. 러시아어의 알파벳과 발음
❹ 러시아어 알파벳의 모음들!

● 러시아어의 모음은 두 그룹으로 이루어져 있습니다.

첫 번째는 '경(쾌한)모음'으로 '아, 의, 우, 에, 오',
그리고 두 번째는 '(유)연(한)모음'으로 '야, 이, 유, 예, 요'입니다.
그래서 러시아어 알파벳의 모음은
'아, 의, 우, 에, 오, 야, 이, 유, 예, 요'로 기억하면 됩니다.

	а	**ы**	**у**	**э**	**о**
경모음	아 [ㅏ]	의 [ㅡㅣ]	우 [ㅜ]	에 [ㅔ]	오 [ㅗ]

	я	**и**	**ю**	**е**	**ё**
연모음	야 [ㅑ]	이 [ㅣ]	유 [ㅠ]	예 [ㅖ]	요 [ㅛ]

러시아어 모음의 모양을 기억합시다!
и (이)는 'N'을 거꾸로 뒤집은 모습이고, **я** (야)는 'R'의 대칭형입니다.
ы (의)는 숫자 61, **ю** (유)는 우리말 '어'의 대칭형입니다.
그리고 **ё** (요)는 **е** (예) 위에 점을 땡땡 찍은 모양입니다.
(참고로 **о** (오)와 **у** (우)는 입을 좀 더 앞으로 내밀어 발음합니다.)

Step 1
러시아어의 **알파벳**과 **발음**

Step 1. 러시아어의 알파벳과 발음
❺ 주의가 필요한 자음 4가지!

● 생긴 것은 영어와 같은데 음이 다른 자음들이 있습니다.
처음 학습할 때 주의하지 않으면 자주 혼동하게 되는 '요주의 자음'입니다.

В (붸)[ㅂ]는 [b] 음이 아니라 [v, ㅂ] 음입니다.
р (에르)는 [p] 음이 아니라 [r, ㄹ] 음입니다.
Х (헤)는 [x] 음이 아니라 [h, ㅎ] 음입니다.
Н (네)는 [h] 음이 아니라 [n, ㄴ] 음입니다.

특히, **р** (에르) [ㄹ]는 발음을 할 때 혀 끝부분을 잇몸 안쪽에 대고
진동하듯이 소리 냅니다. '부르르릉'할 때의 'ㄹ' 발음입니다.
х (헤)는 목구멍 쪽에서 나는 [ㅎ] 소리입니다.
그리고 단어 끝의 [ㅌ], [ㅅ] 발음은 [으] 소리를 빼고 터트리듯 발음합니다.
(예를 들어 [보트]가 아니고 [봇]처럼.)

RS1-01	**вот** [봇] 바로 여기	RS1-02	**рис** [리스] 쌀/밥
RS1-03	**хор** [호르] 합창	RS1-04	**Нина** [니-나] 니나 (여자 이름)

● We learn something new every day.

하루에 쪼갠다
러시아어
알파벳에서 **의문문**까지

s⦿LIT
RUSSIAN

STEP
1

Step 1. 러시아어의 알파벳과 발음
❻ '러시아어스러운' 자음 두 개!

● '러시아어는 말투가 터프하다.'고 합니다.
이런 느낌의 배후에는 **ж** (줴) [ㅈ], **щ** (샤) [ㅅ]가 있습니다.

ж (줴)는 벌이 날 때 나는 것같은 '즈즈즈'의 [ㅈ] 소리입니다.
(글자의 모양도 마치 곤충처럼 생겼습니다.)

щ (샤)는 파이프에서 공기가 새는 듯한 '슈슈슈'의 [ㅅ] 소리입니다.
m을 뒤집어 놓은 것 같기도 하고, E를 눕힌 것 같은 모양입니다.

RS1-05	**жанр**
◉	[쟌느르] 장르

RS1-06	**шар**
◉	[샤르] 공

Step 1
러시아어의 **알파벳**과 **발음**

 Step 1. 러시아어의 알파벳과 발음
❼ 낯선 모양의 러시아어 자음들!

● 생긴 건 낯설지만 발음은 명료해서 쉬운 문자들이 있습니다.

П (뻬)는 모음 앞에서 [ㅃ]로 발음합니다.
Д (데)는 '대문'처럼 생기고 [ㄷ] 발음이 납니다.
Г (게)는 '기역'을 반대로 한 모양이고, [ㄱ] 발음이 납니다.
Ф (에프)는 영어의 [f], [ㅍ] 소리이고,
Л (레)는 영어의 [l], [ㄹ] 발음과 같습니다.
З (제)는 숫자 '3'처럼 생겼고 [ㅈ] 발음입니다.

RS1-07 ◉ **папа** [빠-빠] 아빠	**RS1-08** ◉ **да** [다] 네
RS1-09 ◉ **ГУМ** [굼] 굼 (백화점 이름)	**RS1-10** ◉ **лампа** [람-빠] 램프
RS1-11 ◉ **форма** [포-르마] 형태	**RS1-12** ◉ **зима** [지마-] 겨울

그리고 마지막으로 **щ** (샤)는 **ш** (샤)에 꼬리가 붙은 모양으로
조용히 하라고 할 때 내는 소리 [쉬]와 비슷하고,
ц (쩨)는 [ㅉ], **ч** (체)는 [ㅊ] 발음입니다.

We learn something new every day.

하루에 쪼갠다
러시아어
알파벳에서 **의문문**까지

S LIT
RUSSIAN

STEP
1

Step 1. 러시아어의 알파벳과 모음

❽ Step 1의 핵심단어 발음연습 코너!

● **Step 1**의 '핵심단어'를 연습합니다.

RS1-01 ◉	**вот** [봇] 바로 여기	**RS1-02** ◉	**рис** [리스] 쌀/밥
RS1-03 ◉	**хор** [호르] 합창	**RS1-04** ◉	**Нина** [니-나] 니나
RS1-05 ◉	**жанр** [쫜느르] 장르	**RS1-06** ◉	**шар** [샤르] 공
RS1-07 ◉	**папа** [빠-빠] 아빠	**RS1-08** ◉	**да** [다] 네
RS1-09 ◉	**ГУМ** [굼] 굼 (백화점 이름)	**RS1-10** ◉	**лампа** [람-빠] 램프

Step 1
러시아어의 **알파벳**과 **발음**

● **Step 1**의 '핵심단어'를 연습합니다.

RS1-11	**форма**
●	[포-르마] 형태

RS1-12	**зима**
●	[지마-] 겨울

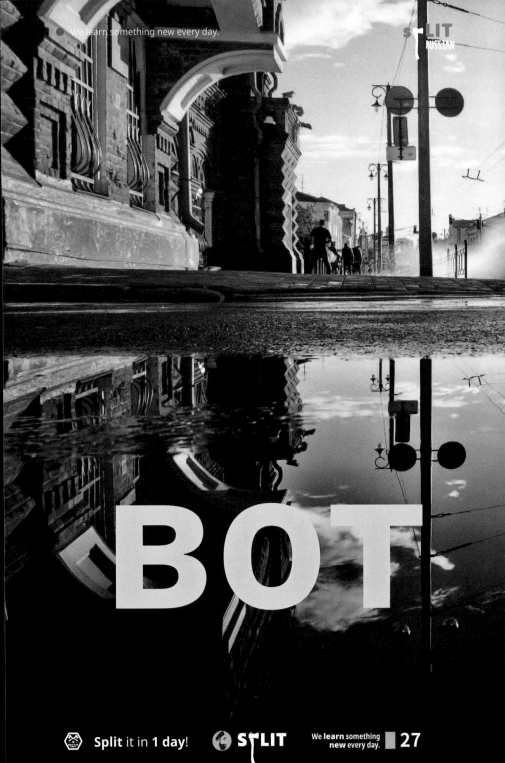

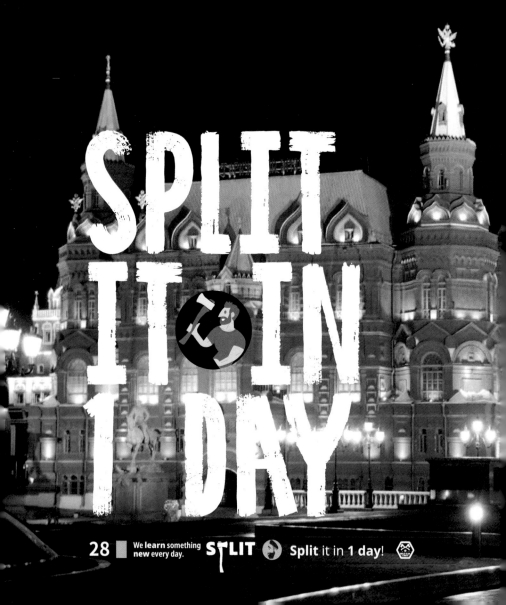

We can split it in 1 sitting.

SPLIT IT IN 1 DAY

28 We **learn** something new every day. S LIT Split it in **1 day!**

SPLIT
it in 1 day

Step 2.
러시아어의 **발음규칙** :

러시아어는 알파벳 음만 알면
별도의 발음기호 없이 바로 읽을 수 있습니다.
몇 가지 규칙만 숙지하면 발음법을
쉽게 해결할 수 있습니다.
러시아어 알파벳과 더욱 친해지는 시간입니다.

 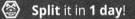

Step 2
러시아어의 **발음규칙**

 Step 2. 러시아어의 발음규칙
❶ 러시아어, 읽기 쉽다!

● 러시아어는 별도의 발음기호가 없습니다.
알파벳 음을 '정직'하게 연결만 해주면 그대로 발음이 완성됩니다.
변화무쌍, 예측불허의 영어 발음에 비하면
러시아어는 고마울 정도로 단순한 발음체계를 가지고 있습니다.
자! 그러면 본격적으로 모음부터 다시 시작해보겠습니다.
모음으로 끝나는 단어는 특히 읽기가 쉽습니다.

RS2-01	**М**	**а**	**М**	**а**	
◉	[ㅁ]	[ㅏ]	[ㅁ]	[ㅏ]=[마마]	엄마

RS2-02	**В**	**И**	**Н**	**О**	
◉	[ㅂ]	[ㅣ]	[ㄴ]	[ㅗ]=[비노]	와인

자음으로 끝나는 단어는 우리말의 '종성'처럼 붙여서 읽으면 됩니다.

RS2-03	**Д**	**О**	**М**	
◉	[ㄷ]	[ㅗ]	[ㅁ]=[돔]	집

RS2-04	**Ж**	**у**	**р**	**Н**	**а**	**Л**	
◉	[ㅈ]	[ㅜ]	[ㄹ]	[ㄴ]	[ㅏ]	[ㄹ]=[주르날-]	잡지

● We learn something new every day.

하루에 쪼갠다
러시아어
알파벳에서 **의문문**까지

S LIT
RUSSIAN

STEP
2

Step 2. 러시아어의 발음규칙
❷ 러시아어의 필수 발음규칙!

● 몇 가지 필수적인 발음규칙이 있습니다.
т (떼) [ㅌ], к (까) [ㅋ], п (뻬) [ㅍ], с (에스) [ㅅ]는
모음과 만나면 [ㄸ], [ㄲ], [ㅃ], [ㅆ]로 소리 납니다.
(그래서 러시아 사람들은 '떡뽁끼'를 발음할 수 있습니다.)
그러나 단어의 끝에 올 경우는 본래의 '터트리는' 음으로 발음합니다.
(이런 음을 무성음이라 합니다.)

RS2-05 ◉	**тут** [뜻] 여기	RS2-06 ◉	**как** [깍] 어떻게
RS2-07 ◉	**поп** [뽑] 팝음악	RS2-08 ◉	**рок** [록] 록음악

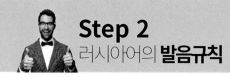

Step 2
러시아어의 **발음규칙**

Step 2. 러시아어의 발음규칙
❸ 러시아어의 '커플음'!

● 러시아어는 부드럽게 소리 나는 '유성음'과
강하게 소리 나는 '무성음'이 쌍을 이룹니다.
마치 커플과 같아서 이들을 편의상 '커플음'이라 부르겠습니다.

б (베) [ㅂ]와 **П** (뻬)[ㅍ]   **В** (붸) [ㅂ/v]와 **ф** (에프) [ㅍ/f]

Г (게) [ㄱ]와 **К** (까) [ㅋ]   **Д** (데) [ㄷ]와 **Т** (떼) [ㅌ]

З (제) [ㅈ]와 **С** (에스) [ㅅ]   **Ж** (줴) [ㅈ]와 **Ш** (샤) [ㅅ]

커플음과 관련하여 다음의 두 가지 규칙이 있습니다.

첫째, 러시아어는 단어 끝에서 부드러운 소리가
나는 것을 용납하지 않습니다.
그런 이유로 유성음은 자신의 커플 무성음으로 바뀝니다.

그래서 단어 끝의 유성음 **г** [ㄱ], **д** [ㄷ], **з** [ㅈ], **ж** [ㅈ]는 각각 자신의 커플,
즉 무성음 **к** [ㅋ], **т** [ㅌ], **с** [ㅅ], **ш** [ㅅ]로 바뀌어 발음됩니다.

● We learn something new every day.

하루에 쪼갠다
러시아어
알파벳에서 **의문문**까지

s█LIT
RUSSIAN

STEP
2

RS2-09 ◉	**друг** [드룩] 친구	RS2-10 ◉	**сад** [쌋] 정원
RS2-11 ◉	**рассказ** [라스까-스] 이야기	RS2-12 ◉	**муж** [무슈] 남편

둘째, 커플음 두 개가 나란히 연이어 있을 때는,
뒤의 음에 따라 앞의 음이 유성음 또는 무성음으로 바뀝니다.

RS2-13 ◉	**вокзал** [바그잘-] 기차역	RS2-14 ◉	**футбол** [푸드볼-] 축구
RS2-15 ◉	**автобус** [아프또-부스] 버스	RS2-16 ◉	**сказка** [스까-스까] 동화

вокзал [바그잘-]에는 **к** [ㅋ]와 **з** [ㅈ]가 나란히 있습니다.
그래서 앞의 **к** [ㅋ]가 유성 커플음인 [ㄱ]로 바뀌어 발음되었습니다.
같은 이유로 **футбол** [푸드볼-]에서 **т** [ㅌ]는 **д** [ㄷ]로 바뀝니다.
반대로 **автобус** [아프또-부스]에서는 **в** [ㅂ]가 무성 커플음 **ф** [ㅍ]로,
сказка [스까-스까]에서는 **з** [ㅈ]가 **с** [ㅅ]로 바뀌게 됩니다.

Step 2
러시아어의 **발음규칙**

Step 2. 러시아어의 발음규칙
❹ 러시아어의 변하는 자음들!

● 특정 모음을 만나면 소리가 달라시는 자음들이 있습니다.

т (떼) [ㅌ]는 я [ㅑ], е [ㅖ], и [ㅣ], ё [ㅛ], ю [ㅠ]를 만나면,
тя [쨔], те [쩨], ти [찌], тё [쬬], тю [쮸]로 발음합니다.

그리고 д (데) [ㄷ]도 я [ㅑ], е [ㅖ], и [ㅣ], ё [ㅛ], ю [ㅠ]를 만나면
дя [쟈], де [졔], ди [지], дё [죠], дю [쥬]로 발음합니다.

RS2-17	**театр** [찌아-뜨르] 극장	RS2-18	**телефон** [찔리폰-] 전화
RS2-19	**девушка** [졔-부슈까] 아가씨	RS2-20	**где** [그제] 어디에

We learn something new every day.

하루에 쪼갠다
러시아어
알파벳에서 **의문문**까지

sᴘLIT
RUSSIAN

STEP
2

Step 2. 러시아어의 발음규칙
❺ 러시아어, '강세'가 중요하다!

● 러시아어에는 '강세'(악센트)가 있습니다.
강세는 모음에 오며, 강세가 있는 모음은 조금 길게 발음해야 합니다.
(강세는 우리말 발음토에 '-'로 표시했습니다.)

반대로 강세 없는 모음은 짧아짐과 동시에
다른 음으로 변하는 경우가 있습니다.

두 가지만 신경 쓰면 해결됩니다.
❶ 강세 없는 **o** (오) [ㅗ]는 [ㅏ]로,
강세 없는 **e** (예) [ㅖ]는 [ㅣ]로 발음합니다.

RS2-21 ◉	**ПИВО** [삐-바] 맥주

RS2-22 ◉	**МОЛОКО** [말라꼬-] 우유

❷ 단어 처음에 강세 없는 **Я** (야) [ㅑ]가 올 경우는 [ㅣ]로 발음합니다.
그러나 모음 다음의 강세 없는 **Я**(야) [ㅑ]는 [ㅏ]로 발음합니다.

Step 2
러시아어의 **발음규칙**

RS2-25 **язык**
◉ [이직-] 언어

RS2-26 **яйцо**
◉ [이이쪼-] 달걀

RS2-27 **Россия**
◉ [라씨-아] 러시아

RS2-28 **Корея**
◉ [까례-아] 한국

● We learn something new every day.

하루에 쪼갠다
러시아어
알파벳에서 **의문문**까지

S**P**LIT
RUSSIAN

STEP
2

 Step 2. 러시아어의 발음규칙
❻ **Step 2**의 핵심단어 발음연습 코너!

● **Step 2**의 '**핵심단어**'를 연습합니다.

RS2-01 ◉	**мама** [마-마] 엄마	RS2-02 ◉	**вино** [비노-] 와인
RS2-03 ◉	**дом** [돔] 집	RS2-04 ◉	**журнал** [주르날-] 잡지
RS2-05 ◉	**тут** [뚯] 여기	RS2-06 ◉	**как** [깍] 어떻게
RS2-07 ◉	**поп** [뽑] 팝음악	RS2-08 ◉	**рок** [록] 록음악
RS2-09 ◉	**друг** [드룩] 친구	RS2-10 ◉	**сад** [쌋] 정원

Step 2
러시아어의 **발음규칙**

● **Step 2**의 '핵심단어'를 연습합니다.

RS2-11	**рассказ** [라스까-스] 이야기	RS2-12	**муж** [무슈] 남편
RS2-13	**вокзал** [바그잘-] 기차역	RS2-14	**футбол** [푸드볼-] 축구
RS2-15	**автобус** [아프또-부스] 버스	RS2-16	**сказка** [스까-스까] 동화
RS2-17	**театр** [찌아-뜨르] 극장	RS2-18	**телефон** [찔리폰-] 전화
RS2-19	**девушка** [제-부슈까] 아가씨	RS2-20	**где** [그제] 어디에

We learn something new every day.

하루에 쪼갠다
러시아어
알파벳에서 **의문문**까지

S LIT
RUSSIAN

STEP
2

● Step 2의 '핵심단어'를 연습합니다.

RS2-21 ⊙	**пиво** [삐-바] 맥주	**RS2-22** ⊙	**молоко** [말라꼬-] 우유

RS2-21 ⊙ **пиво**
[삐-바] 맥주

RS2-22 ⊙ **молоко**
[말라꼬-] 우유

RS2-23 ⊙ **перерыв**
[삐리립-] 휴식시간

RS2-24 ⊙ **весна**
[비스나-] 봄

RS2-25 ⊙ **язык**
[이직-] 언어

RS2-26 ⊙ **яйцо**
[이이쪼-] 달걀

RS2-27 ⊙ **Россия**
[라씨-야] 러시아

RS2-28 ⊙ **Корея**
[까례-야] 한국

We can split it in 1 sitting.

SPLIT IT IN 1 DAY

We **learn** something new every day. S**P**LIT Split it in **1 day!**

We learn something new every.day.

SPLIT
RUSSIAN

STEP 3

SᴾLIT
it in 1 day

Step 3.
러시아어의 **발음규칙 총정리** :

러시아어는 발음기호가 필요 없습니다.
러시아어는 발음규칙에 매우 충실한 언어입니다.
그래서 준비했습니다.
러시아어 발음규칙의 핵심 10가지!

Step 3
러시아어의 **발음규칙 총정리**

Step 3. 러시아어의 발음규칙 총정리
❶ 러시아어 발음규칙 핵심 10!

● 러시아어 발음규칙의 핵심을 다음과 같이 10가지로 정리했습니다.

1) 강세 없는 **o** (오) [ㅗ]는 **a** (아) [ㅏ]로 발음합니다.

RS3-01 ◉	**хорошо** [하라쇼-] 좋다	RS3-02 ◉	**вода** [바다-] 물

2) 강세 없는 **e** (예) [ㅖ]는 **и** (이) [ㅣ]로 발음합니다.
단! 모음 다음이나 단어 끝에서는 [ㅖ]로 발음합니다.

RS3-03 ◉	**весна** [비스나-] 봄	RS3-04 ◉	**доброе** [도-브라에] 좋은

3) 강세 없는 **я** (야) [ㅑ]가 단어 처음에 오면 **и** (이) [ㅣ]로 발음합니다.
그러나 모음 다음에 오면 [ㅏ]로 발음합니다.

RS3-05 ◉	**язык** [이직-] 언어	RS3-06 ◉	**До свидания.** [다스비다니아.] 안녕히계세요.

● We learn something new every day.

하루에 쪼갠다
러시아어
알파벳에서 **의문문**까지

S LIT
RUSSIAN

STEP
3

4) **к** (까) [ㅋ], **т** (떼) [ㅌ], **п** (뻬) [ㅍ], **с** (에스) [ㅅ]가 모음을 만나면
[ㄲ], [ㄸ], [ㅃ], [ㅆ]로 소리 납니다.
단어 끝에서는 원래대로 터트리듯 발음합니다.

RS3-07 ◉	**как** [깍] 어떻게
RS3-08 ◉	**поп** [뽑] 팝

5) 단어 끝에 **б** (베) [ㅂ], **в** (붸) [ㅂ/v], **г** (게) [ㄱ], **д** (데) [ㄷ],
ж (줴) [ㅈ], **з** (제) [ㅈ]의 부드러운 '유성음'이 오면
п (뻬) [ㅍ], **ф** (에프) [ㅍ/f], **к** (까) [ㅋ], **т** (떼) [ㅌ], **ш** (샤) [ㅅ], **с** (에스) [ㅅ]
의
강한 '무성음'으로 바꾸어 발음합니다.

RS3-09 ◉	**зуб** [줍] 치아
RS3-10 ◉	**сад** [쌋] 정원
RS3-11 ◉	**юг** [육] 남쪽
RS3-12 ◉	**рассказ** [라스까-스] 이야기
RS3-13 ◉	**муж** [무슈] 남편
RS3-14 ◉	**перерыв** [뻬리립-] 휴식시간

Step 3
러시아어의 **발음규칙 총정리**

6) 단어 중간에 유성음과 무성음이 나란히 있으면,
뒤의 음에 따라 앞의 음이 바뀝니다.

RS3-15	**футбол**
◉	[푸드볼-] 축구

RS3-16	**вокзал**
◉	[바그잘-] 기차역

RS3-17	**автобус**
◉	[아프또-부스] 버스

RS3-18	**сказка**
◉	[스까-스까] 동화

7) **д** (데) [ㄷ]가 **я** [ㅑ], **e** [ㅖ], **и** [ㅣ], **ё** [ㅛ], **ю** [ㅠ]를 만나면
дя [쟈], **де** [제], **ди** [지], **дё** [죠], **дю** [쥬]로 발음합니다.

RS3-19	**Дима**
◉	[지-마] 지마 (남자 이름)

RS3-20	**девушка**
◉	[제-부슈까] 아가씨

8) **т** (떼) [ㅌ]가 **я** [ㅑ], **e** [ㅖ], **и** [ㅣ], **ё** [ㅛ], **ю** [ㅠ]를 만나면,
тя [쨔], **те** [쩨], **ти** [찌], **тё** [쪼], **тю** [쮸]로 발음합니다.

하루에 쪼갠다
러시아어
알파벳에서 **의문문**까지

STEP
3

RS3-21 **тигр**
◉ [찌그르] 호랑이

RS3-22 **дети**
◉ [제-찌] 아이들

9) '이끄라뜨꼬예' (**й**)와 '연음부호' (**ь**)가 오면 짧게 [ㅣ]로 발음합니다.
특히 **т** (떼) [ㅌ] 다음에 연음부호가 오면 **ть** [치]로 발음합니다.
아울러 연음부호는 거의 발음되지 않는 경우도 있습니다.

RS3-23 **музей**
◉ [무제-이] 박물관

RS3-24 **чай**
◉ [챠이] 차 (음료)

RS3-25 **пять**
◉ [빠치] 5

RS3-26 **день**
◉ [젠] 하루/낮

10) 다음의 경우는 그냥 그대로 발음을 기억해주십시오.
ч (체) [ㅊ]가 **ш** (샤) [ㅅ]로, **г** (게) [ㄱ]가 **в** (붸) [ㅂ/v]로
소리 나는 특별한 경우입니다.

Step 3
러시아어의 **발음규칙 총정리**

RS3-27 **что** [슈또] 무엇	**RS3-28** **конечно** [까녜-슈나] 물론
RS3-29 **его** [이보-] 그를/그의	**RS3-30** **сегодня** [씨보-드냐] 오늘

이외에도 실제음과 다르게 발음되는 경우가 약간 더 있습니다.
하지만 일단 지금까지 소개해 드린 10가지만으로도 충분하며
잘 익혀두면 좋겠습니다.

하루에 쏘갠다
러시아어
알파벳에서 **의문문**까지

S**LIT
RUSSIAN
STEP
3

Step 3. 러시아어의 발음규칙
❷ Step 3의 핵심단어 발음연습 코너!

● Step 3의 '핵심단어'를 연습합니다.

RS3-01	**хорошо** [하라쇼-] 좋다	**RS3-02**	**вода** [바다-] 물
RS3-03	**весна** [비스나-] 봄	**RS3-04**	**доброе** [도-브라에] 좋은
RS3-05	**язык** [이직-] 언어	**RS3-06**	**До свидания.** [다스비다니야.] 안녕히계세요.
RS3-07	**как** [깍] 어떻게	**RS3-08**	**поп** [뽑] 팝
RS3-09	**зуб** [줍] 치아	**RS3-10**	**сад** [쌋] 정원

Step 3
러시아어의 **발음규칙 총정리**

● Step 3의 '핵심단어'를 연습합니다.

RS3-11	**юг** [육] 남쪽	
RS3-12	**рассказ** [라스까-스] 이야기	
RS3-13	**муж** [무슈] 남편	
RS3-14	**перерыв** [뻬리릡-] 휴식시간	
RS3-15	**футбол** [푸드볼-] 축구	
RS3-16	**вокзал** [바그잘-] 기차역	
RS3-17	**автобус** [아프또-부스] 버스	
RS3-18	**сказка** [스까-스까] 동화	
RS3-19	**Дима** [지-마] 지마 (남자 이름)	
RS3-20	**девушка** [제-부슈까] 아가씨	

● We learn something new every day.

하루에 쪼갠다
러시아어
알파벳에서 **의문문**까지

S**LIT**
RUSSIAN

STEP
3

● **Step 3**의 '핵심단어'를 연습합니다.

RS3-21
тигр
[찌그르] 호랑이

RS3-22
дети
[졔-찌] 아이들

RS3-23
музей
[무졔-이] 박물관

RS3-24
чай
[챠이] 차 (음료)

RS3-25
пять
[빠치] 5

RS3-26
день
[졘] 하루/낮

RS3-27
что
[슈또] 무엇

RS3-28
конечно
[까녜-슈나] 물론

RS3-29
его
[이보-] 그를/그의

RS3-30
сегодня
[씨보-드냐] 오늘

We can split it in 1 sitting.

We **learn** something **new** every day. SPLIT Split it in 1 day!

 We can split it in 1 sitting.

STEP 4

We **learn** something new every day. S**T**LIT **Split** it in **1 day!**

SₚLIT
it in 1 day

Step 4.
러시아어로 **문장 만들기** :

알파벳과 발음법 마무리는
'러시아어로 문장 만들기'입니다.
간단한 평서문으로 시작해서
의문문까지 초간단으로 만들어 보겠습니다.

Step 4
러시아어로 **문장 만들기**

Step 4. 러시아어로 문장 만들기
❶ 러시아어로 평서문 만들기!

● 러시아어로 문장 만드는 법은 매우 간단합니다.

러시아어로 '이것은 ~이다.'와 같은 문장을 만들 때는
'~이다' (영어의 **be** 동사)에 해당하는 동사가 필요 없습니다.
즉 지시대명사와 명사의 나열만으로도 문장이 완성됩니다.

● **это** [에-따] 이 사람/이것, **Иван** [이반-] 이반 (남자 이름),
кофе [꼬-페] 커피

RS4-01 **Это Иван.**
[에-따 이반-.]   이 사람은 이반입니다.

RS4-02 **Это кофе.**
[에-따 꼬-페.]   이것은 커피입니다..

● We learn something new every day.

하루에 쪼갠다
러시아어
알파벳에서 **의문문**까지

S LIT
RUSSIAN

STEP
4

Step 4. 러시아어로 문장 만들기
❷ 러시아어로 의문문 만들기!

● 러시아어는 기본적으로 문법이 간결합니다.
아울러 상대적으로 예외도 많지 않은 언어입니다.

대표적인 예로 '평서문'과 '의문문'의 형태가 똑같습니다.
단지 말을 할 때 약간의 억양으로 차이가 날 뿐입니다.
우리말은 질문을 할 때 문장 끝을 올리지만,
러시아어는 강세가 오는 모음만 살짝 올립니다.
예를 들면, **Иван** [이반-]은 강세가 끝 모음에 오니까 [반-]을 올리면 되고,
кофе [꼬-페]는 강세가 앞 모음에 오니까 [꼬-]를 올리면서
뒤에 있는 [페]는 내리면 됩니다.

● **да** [다] 네, **кофе** [꼬-페] 커피, **нет** [녯] 아니요

RS4-03	**Это Иван?**	
◉	[에-따 이반-?]	이 사람은 이반입니까?

RS4-04	**Да.**	
◉	[다.]	네.

Step 4
러시아어로 **문장 만들기**

RS4-05

Это кофе?

[에-따 꼬-페?]　　　이것은 커피입니까?

RS4-06

Нет.

[녯.]　　　　　아니요.

의문사가 있는 의문문을 만드는 방법도 간단합니다.
의문사를 맨 앞에 놓고 대명사/명사를 연결하면 완성입니다.

● **кто** [크또] 누구, **что** [슈또] 무엇, **где** [그졔] 어디,
как [깍] 어떻게, **дела** [질라-] 일들, **туалет** [뚜알롓-] 화장실

RS4-07

Кто это?

[크또 에-따?]　　　이 사람은 누구입니까?

RS4-08

Что это?

[슈또 에-따?]　　　이것은 무엇입니까?

RS4-09

Где туалет?

[그졔 뚜알롓-?]　　화장실은 어디입니까?

● We learn something new every day.

하루에 쪼갠다
러시아어
알파벳에서 **의문문**까지

S**PLIT**
RUSSIAN

STEP
4

RS4-10

Как дела?

[깍 질라-?] 일들은 어떻습니까? (어떻게 지내세요?)

같은 방식으로 일상적인 안부표현도 간단하게 해결할 수 있습니다.

● **хорошо** [하라쇼-] 좋다, **нормально** [나르말-리나] 괜찮다

RS4-11

Как дела?

[깍 질라-?]   어떻게 지내세요?

RS4-12

Хорошо.

[하라쇼-.]   좋아요.

RS4-13

Нормально.

[나르말-리나.]   괜찮아요.

러시아 사람들은 '어떻게 지내세요?'라는 질문에 '괜찮아요.'로 답하기도
합니다. '**나르말-리나.**'는 '**하라쇼-.**'와 거의 같은 의미로 사용합니다.

Step 4
러시아어로 **문장 만들기**

 Step 4. 러시아어로 문장 만들기
❸ **Step 4**의 핵심 표현 발음연습 코너!

● **Step 4**의 '핵심표현'을 연습합니다.

RS4-01
Это Иван.
◉ [에-따 이반-.]　　　　　　　이 사람은 이반입니다.

RS4-02
Это кофе.
◉ [에-따 꼬-페.]　　　　　　　이것은 커피입니다..

RS4-03
Это Иван?
◉ [에-따 이반-?]　　　　　　　이 사람은 이반입니까?

RS4-04
Да.
◉ [다.]　　　　　　　　　　　네.

RS4-05
Это кофе?
◉ [에-따 꼬-페?]　　　　　　　이것은 커피입니까?

● We learn something new every day.

하루에 쪼갠다
러시아어
알파벳에서 **의문문**까지

s**┃**LIT
RUSSIAN

STEP
4

● **Step 4**의 '핵심표현'을 연습합니다.

RS4-06
○
Нет.
[녯.]
아니요.

RS4-07
○
Кто это?
[크또 에-따?]
이 사람은 누구입니까?

RS4-08
○
Что это?
[슈또 에-따?]
이것은 무엇입니까?

RS4-09
○
Где туалет?
[그제 뚜알렛-?]
화장실은 어디입니까?

RS4-10
○
Как дела?
[깍 질라-?]
어떻게 지내세요?

Step 4
러시아어로 **문장 만들기**

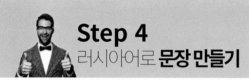

● **Step 4**의 '핵심표현'을 연습합니다.

RS4-11

Как дела?

[깍 질라-?] 어떻게 지내세요?

RS4-12

Хорошо.

[하라쇼-.] 좋아요.

RS4-13

Нормально.

[나르말-리나.] 괜찮아요.

Хорошо.

SPLIT IT IN 1 DAY

● We can split it in 1 sitting.

APPENDIX

We **learn** something new every day.   **SPLIT**   Split it in **1** day!

SPLIT
it in 1 day

부록 :
러시아어의 알파벳과 **발음법** 복습! :

러시아어 알파벳과 발음법의 총 마무리입니다.
일상에서 가장 중요한 숫자읽기와
러시아를 대표하는 결정적인 표현
그리고 러시아어 인사표현과
함께 연습해보겠습니다.

Appendix
러시아어의 **알파벳**과 **발음법 복습**

부록 : 러시아어의 알파벳과 발음법 복습!
❶ 러시아어 숫자로 발음법 간단확인!

● 지금까지 배운 러시아어 알파벳과 발음법을 상기하며
1에서 10까지 연습합니다.

RA1-01 один [아진-] 1	**RA1-02 два** [드바] 2
RA1-03 три [뜨리] 3	**RA1-04 четыре** [치띄-레] 4
RA1-05 пять [뺘치] 5	**RA1-06 шесть** [셰스치] 6
RA1-07 семь [쎔] 7	**RA1-08 восемь** [보-씸] 8
RA1-09 девять [제-비치] 9	**RA1-10 десять** [제-씨치] 10

● We learn something new every day.

하루에쪼갠다
러시아어
알파벳에서 **의문문**까지

S**LIT**
RUSSIAN

APPENDIX
A

부록 : 러시아어의 알파벳과 발음법 복습!
❷ 러시아어 유명표현으로 발음법 간단확인!

● 러시아를 대표하는 랜드마크/유명인 등의 이름으로 연습합니다.

RA2-01 **Россия**
[라씨-아] 러시아

RA2-02 **Москва**
[마스끄바-] 모스크바

RA2-03 **Кремль**
[끄례믈] 크렘린

RA2-04 Храм Василия Блаженного
[흐람 바씰-리아 블라젠-나바] 성 바실리 성당

RA2-05 **Сибирь**
[씨비-리] 시베리아

RA2-06 **Байкал**
[바이깔-] 바이칼 호수

RA2-07 **Владивосток**
[블라지바스똑-] 블라디보스톡

RA2-08 **Сахалин**
[싸할린-] 사할린

RA2-09 **Толстой**
[딸스또-이] 톨스토이

RA2-10 **Чайковский**
[치이꼽-스끼] 차이코프스키

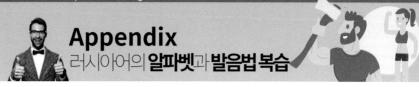

Appendix
러시아어의 **알파벳**과 **발음법 복습**

● 러시아를 대표하는 유명인/외래어 등의 이름으로 연습합니다.

RA2-11	**Путин** [뿌-찐] 푸틴	RA2-12	**Шарапова** [샤라-빠바] 샤라포바
RA2-13	**Спутник** [스뿌-뜨닉] 스푸트니크	RA2-14	**Мир** [미르] 미르
RA2-15	**кофе** [꼬-페] 커피	RA2-16	**кафе** [까페-] 카페
RA2-17	**метро** [미뜨로-] 지하철	RA2-18	**банк** [반크] 은행
RA2-19	**парк** [빠르크] 공원	RA2-20	**спорт** [스뽀르트] 스포츠

● We learn something new every day.

하루에쪼갠다
러시아어
알파벳에서 **의문문**까지

S┳LIT
RUSSIAN

APPENDIX
A

● 러시아어에서 사용하는 외래어로 연습해 연습합니다.

| RA2-21 ⊙ | **компьютер**
[깜뷰-떠르] 컴퓨터 |

Appendix
러시아어의 **알파벳**과 **발음법 복습**

 부록 : 러시아어의 알파벳과 발음법 복습!
❸ 러시아어 인사표현으로 발음법 간단확인!

● 러시아 인사표현으로 발음법을 확인해 보겠습니다.

RA3-01 **Здравствуйте.**
◉ [즈드라-스뜨부이쩨.] 안녕하세요?

RA3-02 **Здравствуй.**
◉ [즈드라-스뜨부이.] 안녕.

RA3-03 **Добрый день.**
◉ [도-브릐 젠.] 좋은 낮입니다.

RA3-04 **До свидания.**
◉ [다 스비다-니아.] 안녕히 계세요. (안녕.)

RA3-05 **Привет.**
◉ [쁘리벳-.] 안녕?/잘 있었어?

● We learn something new every day.

하루에 쪼갠다
러시아어
알파벳에서 **의문문**까지

SᴘLIT
RUSSIAN

APPENDIX
A

● 러시아 인사표현으로 발음법을 확인해 보겠습니다.

RA3-06
Пока.
[빠까-.]   잘 지내라.

RA3-07
Спасибо.
[스빠씨-바.]   고맙습니다.

'하루에 쪼갠다 러시아어 (알파벳에서 의문문까지)'의
학습자 여러분 수고 많이 하셨습니다.
앞으로도 다양한 '하루에 쪼갠다 XXX' 시리즈와
함께 해주십시오. 감사합니다.

'하루에 쪼갠다 XXX' 시리즈는
누구나 작가가 되어 **자신의 콘텐츠**를
세상과 나눌 수 있는
미니멀 콘텐츠 플랫폼을 실천합니다.

We **learn** something new every day.   SPLIT   Split it in **1 day**!